Spanien

Klassische Reiseziele

Die Bauwerke von Gaudi in Barcelona

Juan Bassegoda Nonell

Atlantis

Ins Deutsche übertragen von
Susanne Vogel

Redaktion
Dr. Dieter Struss

Titel der Originalausgabe
L'architettura di Gaudi

Herausgeber der Reihe
Silvio Locatelli und Marcella Boroli

Lizenzausgabe 1989 für
Manfred Pawlak Verlagsgesellschaft mbH, Herrsching

Printed in Italy, New Interlitho S. p. a. – Trezzano
ISBN 3-88199-555-2

Gaudí und die Mystik der Natur

Antoni Gaudí i Cornet (1852–1926) wurde mitten in die Wirren des 19. Jahrhunderts hineingeboren. Das Jahr 1860 markierte den Beginn des Afrikakrieges, eines der einschneidendsten Ereignisse in der Geschichte Spaniens jener Zeit, dessen Schauplatz Marokko war und das erst 1925, ein Jahr vor dem Tod Gaudís, enden sollte.

1835, siebzehn Jahre vor der Geburt des Künstlers, war die Einziehung der Kirchengüter und die Enteignung aller religiösen Orden verkündet worden; damit einher ging ein wahres Massaker unter den Mönchen ganz Spaniens.

Katalonien wurde zu Lebzeiten Gaudís von drei Bürgerkriegen zwischen den Truppen der Königin Isabellas II. und ihres Onkels Don Carlos, den sogenannten Karlistenkriegen, erschüttert. Gaudí erlebte die »anarchistische« Phase Barcelonas, ausgelöst durch die Bombenexplosion im Gran Teatre del Liceu 1897, und auch die Revolution im Juli 1909, die sogenannte »tragische Woche«, in deren Verlauf zahlreiche Kirchen und Klöster der Stadt in Flammen aufgingen.

Es waren unruhige Zeiten, in denen sich Gaudís Leben abspielte: Bei seiner Geburt herrschte Königin Isabella II., ihr folgte Herzog Amadeus von Savoyen, danach kam die Ausrufung der ersten Republik, die Restauration durch Alfons XII. und schließlich die Herrschaft Alfons XIII., anfangs unter der Regentschaft der Königinwitwe Maria Christina von Österreich und am Ende unter der Militärdiktatur des Generalkapitäns von Barcelona, Primo de Rivera.

Unter kulturellen Aspekten ließe sich die Lebensspanne Gaudís folgendermaßen umreißen: Bei seiner Geburt herrschten in Spanien die Einflüsse des französischen Klassizismus vor. Wenig später setzten sich dort die romantische Dekormalerei und der *Troubadour*-Stil durch, der mit Gemälden historische Themen behandelte. Die Architektur verlegte sich auf jenen Eklektizismus, den der Modernismus, die spanische Variante des Jugendstils, gegen Ende des Jahrhunderts wieder abzustreifen bemüht war.

Um die Größe Gaudís zu begreifen, muß man nur sein einzigartiges, von allen zeitgenössischen Strömungen losgelöstes Oeuvre betrachten. Doch erst wenn man sein künstlerisches Umfeld in die Betrachtungen mit einbezieht und dabei auch die Rolle nicht außer Acht läßt, die Barcelona in der Kunst Spaniens spielte, offenbart sich die Leistung des Architekten in ihrer ganzen Bedeutung. Zwar wurde Gaudí in der Provinz Tarragona geboren und blieb seiner Heimat stets verbunden, doch findet sich die Mehrzahl seiner Werke in Barcelona das er seit seiner Ankunft im Jahre 1869 nur wenige Male und auch jeweils nur für kurze Zeit verließ.

Seine Auslandsaufenthalte beschränkten sich auf zwei kurze Reisen nach Südfrankreich während der Studienzeit beziehungsweise nach Marokko – genauer gesagt, nach Tanger – im Jahre 1892. Innerhalb Spaniens weilte er während der Bauzeit des Bischofspalastes gelegentlich in Astorga, und ebenso wohnte er zwischenzeitlich in León, wo er die Casa de los Botines errichtete. Die meiste Zeit seines Lebens aber verbrachte er in Barcelona, der Stadt, die untrennbar mit seinem Schaffen verknüpft ist.

Die Stadt, die der Legende nach auf Herkules zurückgeht, wurde – dies läßt sich mit Gewißheit sagen – von den Römern gegründet. Bereits im 1. Jahrhundert n.Chr. erlangte das damalige *Faventia Pia Augusta Paterna Barcino* Bedeutung. Aus der Kaiserzeit sind archäologische Funde, beispielsweise der Augustus-Tempel und insbesondere die aus dem frühen 4. Jahrhundert datierenden und lange Zeit unter späteren Bauwerken begrabenen Stadtmauern erhalten, die jedoch die

Bauform des historischen Stadtkerns bestimmten.

Aus dem Frühmittelalter, jener Periode, in der zunächst die Westgoten und später die Mauren die Macht an sich rissen, ist in Barcelona noch die eine oder andere Spur vorhanden wie auch aus jener Epoche, in der die Feudalherren der französischen Krone oder andere die politischen Geschicke lenkten.

Aus der Romanik stammen einige bemerkenswerte Monumente in Barcelona, beispielsweise der Bischofspalast, die Kathedrale, S. María de la Arenas oder das Kloster S. Paolo del Campo, doch ist keines unter ihnen, das als Meisterwerk in einer Geschichte der Architektur ausdrückliche Erwähnung verdiente.

Weit bedeutender war dagegen die Gotik, insbesondere das 14. Jahrhundert. Damals erreichte Barcelona seine größte Ausdehnung im Mittelmeerraum: Korsika, Sardinien, Sizilien und ein Teil der griechischen Halbinsel einschließlich Athen gelangten unter den Einfluß der aragonischen Krone. Zu jener Zeit erlebte die Architektur eine Hochblüte in Barcelona und entwickelte dort höchst eigenständige Formen. Man denke nur an die im Laufe von kaum mehr als einem Jahrhundert erbauten Kirchen, wie die gotische Kathedrale des Hl. Justus und Pastor, S. María del Mar, El Pino, die Klöster von Pedralbes, Montesión und Junqueras, das Rathaus und nicht zuletzt die große Zahl von Palästen und Privathäusern.

Daß Gaudí die katalanische Gotik mit ihren eindrucksvollen, charakteristischen Formen vor Ort an den Gebäuden selbst studieren und sich dabei ein konkretes Bild von den konstruktiven Lösungen machen konnte, die ihm aus den Abhandlungen Viollet-le-Ducs bereits theoretisch vertraut waren, erklärt den entscheidenden Einfluß, den diese Architektur auf seine Entwicklung hatte. Diesen Punkt darf man nicht übersehen, will man einige typische Formen Gaudís verstehen, die sich bei ihm – im Gegensatz zu den meisten seiner Zeitgenossen – nicht an die Neugotik eines Viollet, Pugin, Scott, Street, Gau, Boisserrée oder Brentano anlehnten.

Tatsächlich orientiert sich das Raumempfinden in der katalanischen Gotik mehr an der Romanik als an der französischen Gotik Nordeuropas. Die gotischen Kirchenschiffe erreichen hier außergewöhnliche Ausmaße – als Beispiel möge das fast 23 Meter breite Mittelschiff der Kathedrale von Gerona dienen. Viel wichtiger als die Höhe war für die katalanischen Baumeister des Mittelalters die Weite und vor allem die Leichtigkeit und »Transparenz« des Innenraums. Besonders deutlich wird dies an den Bauwerken S. María del Mar in Barcelona, S. María de la Seu in Manresa und an der Kathedrale von Palma de Mallorca, allesamt mit schlanken, achteckigen Säulen, deren Proportionen eher, wie in der Romantik, aus der Quadratur und nicht, wie in der Gotik, aus der Triangulatur abgeleitet sind. Ähnliche Tendenzen machten sich auch in Italien bemerkbar; dies belegt eine Diskussion im Jahre 1391, in der sich italienische und französische Baumeister mit der Frage auseinandersetzten, ob der geplante Mailänder Dom »ad quadratum« oder besser »ad triangulum« anzulegen sei. Bei S. María del Mar (1328–1383) bilden die Joche des Hauptschiffes ein perfektes Quadrat, darüber erhebt sich ein »romanisches« Kreuzgewölbe, dessen feine spitzbogige Rippen eine rein dekorative Funktion erfüllen.

Dieses Festhalten an der romanisch geprägten Raumkonzeption der Basilika, die im Gegensatz zu dem Vertikalismus und der dekorativen Komplexität der französischen, englischen oder deutschen Gotik steht, ist eines der Hauptmerkmale mittelalterlicher katalanischer Baukunst und zugleich eine der Tendenzen Gaudís. Er fühlte sich trotz seiner französisch-deutschen Abstammung weit mehr zur römischen und griechischen als zur angelsächsischen oder germanischen Kultur hingezogen.

Nach seiner Glanzzeit im 14. Jahrhundert, die in der Spätgotik des 15. Jahrhunderts ausklang und sich in einer übereilten Hinwendung zur Renaissance verlor, verfiel Barcelona – bedingt durch den Niedergang Kataloniens infolge seiner Vereinigung mit Kastilien wie auch durch die Orientierung Spaniens in Richtung Amerika und Atlantik, die den Mittelmeerraum in den Hintergrund drängte – in eine Art kulturellen Tiefschlaf. Viele Bauwerke Barcelonas aus der Zeit der Renaissance lassen eigenartige Mischformen zwischen dem neuen Stil und der dominierenden Gotik erkennen. Selbst aus dem fortgeschrittenen 17. Jahrhundert sind noch Kirchen mit spitzbogigem Kreuzgewölbe, gleichzeitig aber auch klassisch anmutender Fassade vorhanden.

Der Barock zeichnet sich weniger durch monumentale Gebäude als vielmehr durch eine große Zahl bildhauerischer Werke aus, wobei insbesondere die kompositorisch verdichteten, goldverzierten *retablos* – Altaraufsätze – zu nennen sind, die für die Kapellen eben dieser gotischen Kirchen geschaffen wurden. In der Barmherzigkeits-Kirche von Reus, dem Geburtsort Gaudís, existierte in der – 1936 leider zerstörten – Kapelle der Jungfrau Maria ein solches Werk des barokken Bildhauers Bonifàs, das bei dem Architekten auf lebhaftes Interesse stieß. In seinen Augen drückte sich hier eine Vitalität und Kraft, die er nicht allein im Zusammenhang mit dem Retabel selbst sah, sondern die ihm ebenso Impulse für neue architektonische Ansätze vermittelten. Als er im Jahr 1916 die gotische Kathedrale von Manresa besichtigte – er wirkte in beratender Funktion an der Fassadenrestaurierung mit –, galt sein Hauptaugenmerk weit mehr den barokken *retablos* als den dort aufbewahrten gotischen Tafelbildern, wie kostbar sie auch gewesen sein mögen. Hätte er in Madrid einen Bauauftrag erhalten, sagte er einmal, so hätte er sich von den barocken Formen Riberas inspirieren lassen.

Gegen Ende des 18. und zu Beginn des 19. Jahrhunderts stand Barcelona dem französischen Klassizismus aufgeschlossener gegenüber als dem Empire-Stil. Das bedeutendste Bauwerk jener Zeit, »La Lloja« (= die Börse), entstand, indem man ein altes gotisches Gebäude mit architektonischen Formen »à la Gabriel« oder »à la Mansart« umkleidete; glücklicherweise ließ man die große Aula mit den auf Rundbögen ruhenden Bindern, einer in der katalanischen Gotik häufig anzutreffenden Konstruktion, im Originalzustand bestehen. Nicht so recht durchsetzen konnte sich der Neoklassizismus in der Stadt, die die Folgen der Besetzung durch Napoleon deutlich zu spüren bekommen hatte und völlig verarmt daraus hervorgegangen war.

Als der siebzehnjährige Gaudí 1869 nach Barcelona kam, war das Stadtbild von antiken Baudenkmälern beherrscht; zeitgenössische Bauwerke gab es kaum, der Blick war in die Zukunft gerichtet. In der Tat sollte es nicht mehr lange dauern bis zum Durchbruch des katalanischen Modernismus, der durch drei Faktoren begünstigt wurde: Erstens waren 1869 die Festungswälle niedergerissen worden, die die Gebäude und Menschen der Stadt bis dahin in ein allzu beengtes Areal gezwängt hatten; jenseits der Wälle und der Zitadelle erstreckte sich ein weites, ebenes Gelände, geographisch günstig hinter einer Gebirgskette gelegen und somit vor kalten Winden geschützt, dazu völlig unbebaut, da es bis vor kurzem noch Militärgebiet gewesen war. Im selben Jahr wurde der Erweiterungsplan für die Stadt genehmigt. Der Ingenieur und Städtebauer

Idelfonso Cerdà hatte ein Konzept entworfen, das auf dem von dem griechischen Architekten Hippodamos im 5. Jahrhundert v. Chr. entwickelten Stadtplan mit gleichförmigen Häuserblocks zwischen rechtwinklig angelegten Straßen basierte. Doch erwies sich der Abriß der Stadtmauern als folgenschwerer Fehler, denn mit ihnen verschwand auch der Grüngürtel, der in ihrem Schutz in Gräben und an Böschungen hatte gedeihen können. Man hätte die notwendigen Erweiterungen ebenso unter Beibehaltung der Mauern durchführen können, wie das Beispiel der toskanischen Stadt Lucca anschaulich beweist. Politische und finanzielle Gründe sprachen gegen eine solche Lösung: Heute ist der Streifen dicht besiedelt und die Stadt fast bar jeder Grünfläche.

Die Voraussetzungen für die neue Stadt waren damit also gegeben, doch waren für ihre Realisierung zwei weitere Faktoren maßgeblich: Der wesentliche bestand in der Gründung der Escola Superior d'Arquitectura in Barcelona, die die für die geplanten Bauvorhaben erforderlichen Fachleute ausbilden sollte. Bis dahin hatte in Barcelona zwischen 1850 und 1870 nur eine Fachschule für Baumeister bestanden, und davor hatte es lediglich die Maurerzünfte gegeben, die seit ihrer Entstehung im 13. Jahrhundert handwerklich zwar hervorragend geschulte, jedoch in moderner Technik und akademischem Wissen unbewanderte Absolventen hervorgebracht hatten.

Ein weiterer Faktor, der die Entstehung der neuen Stadt erst ermöglichte, war der Reichtum Barcelons, erwachsen aus einer blühenden Textil- und Maschinenindustrie sowie aus dem zunehmenden Handel mit Amerika, insbesondere mit Kuba, der zu Zeiten Karls III. eingesetzt hatte, als die Prohibition, d.h. das über die Mittelmeerhäfen verhängte Verbot des Handels mit Amerika, aufgehoben wurde.

Nachdem das geeignete Gelände, ein Bebauungsplan, eine Schar junger, der örtlichen Schule entstammender Architekten und reichlich Geld vorhanden waren, wundert es nicht, daß in Barcelona ein wahrer Bauboom einsetzte. Zunächst hatten sie um 1870 in den neuen Stadtteilen eher zaghaft und sporadisch begonnen: junge Architekten der eklektischen Schule, die die Academia Madrilenâ de S. Fernando absolviert hatten, oder auch bescheidene Baumeister, eigentlich zweitklassige Architekten mit nur dreijähriger Ausbildung. Doch schon bald mischte die junge, der neuen Hochschule entstammende Architektengeneration mit ihren unverbrauchten Ideen und großem Enthusiasmus kräftig mit.

Interessant in diesem Zusammenhang ist, daß der erste Direktor der Escola Superior d'Arquitectura von Barcelona Don Elías Rogent Amat war, ein passionierter Mediävist, der seinen Schülern immer wieder die Großartigkeit der mittelalterlichen katalanischen Baukunst nahezubringen versuchte und sie zu Exkursionen anregte – in der damaligen Zeit ohne ausgebautes Straßennetz ein abenteuerliches Unterfangen –, bei denen die Studenten wahrscheinlich mehr über die romanischen und gotischen Bauwerke lernten, als sie aus allen theoretischen Schriften je hätten erfahren können. Eben dieser Rogent erbaute dann die neue Universität und das Seminar und prägte diesen Gebäuden – getreu seinen Lehren – einen Mischstil aus Gotik und Renaissance auf, der sich an den Bauwerken der profanen Architektur des 15. und 16. Jahrhunderts orientierte.

Die ersten Architekten mit Hochschulabschluß der Escola Superior d'Arquitectura (nur drei der Kandidaten bestanden die erste Abschlußprüfung 1872) fanden also in Barcelona ein äußerst günstiges Klima vor. Wegbereitend für die Erneuerung der Architektur war auch ein weiteres Ereignis, das schon wenig später stattfand: die Weltausstellung von 1888. Zwanzig Jahre nach der Genehmigung des Bebauungsplanes und kaum mehr als zehn Jahre nach der Gründung der neuen Escola Superior d'Arquitectura, die inzwischen vierundzwanzig Absolventen entlassen hatte, bot sich allen die Gelegenheit zum Bau ansehnlicher Gebäude, wie sie einer großen internationalen Ausstellung eben würdig sind. Gemäß Anordnung des alten Rogent leisteten alle Architekten Barcelonas ihren persönlichen Beitrag zu der Ausstellung, die einen seit 1873 auf dem Gelände der alten Zitadelle eigens dafür angelegten Park zum Schauplatz hatte.

Der katalanische Modernismus

Einige Autoren, wie José Francisco Ràfols, sehen in der Weltausstellung von 1888 den Beginn des katalanischen Modernismus. Tatsächlich zeichnete sich in der Baukunst Barcelonas seit 1875 ein Richtungswandel ab, angeregt durch Josep Vilaseca und Lluís Domènech, die von einer langen Europareise gegen Ende ihres Studiums 1872 den seit dem Deutsch-Französischen Krieg etablierten »deutschen Stil« mitgebracht hatten. Dazu gesellte sich der *neo-mudéjar*-Stil, der zwar ursprünglich aus Madrid stammte, aber schon bald in Barcelona heimisch war. Typische Merkmale dieses Stils, beispielsweise unverputzte Ziegel und der Hufeisenbogen, wurden schon bald fester Bestandteil spanischer Architektur. Bereits in den frühen Werken der beiden jungen Architekten, so in dem von Domènech erbauten Sitz des Verlages Montaner y Simón und dem von Vilaseca entworfenen Triumphbogen der Ausstellung von 1888, sind diese Elemente deutlich erkennbar.

Diese Umstände bildeten in ihrer Gesamtheit den Nährboden für den katalanischen Modernismus, eine in der europäischen Kunstszene bahnbrechende Bewegung. Einzig die auf den Theorien John Ruskins fußende, mit dem Namen Arts and Crafts bezeichnete Bewegung des in England wirkenden William Morris war der katalanischen Strömung voraus, die zwischen 1888 und 1893 – dem Jahr der Errichtung des Hôtel Tassel in Brüssel durch Victor Horta, das als erstes Werk des Art Nouveau gilt – in Barcelona zahlreiche Konstruktionen in jenem eigentümlichen Stil hervorbrachte, der in der Folgezeit in Europa weite Verbreitung finden und unter anderem als Jugendstil, Sezession oder Liberty bekannt werden sollte.

Der Modernismus kann als zweite große Stilepoche Barcelonas nach der Gotik bezeichnet werden. Nur im 14. Jahrhundert und in den Jahrzehnten des Übergangs zwischen dem 19. und 20. Jahrhundert entwickelte die Stadt einen derart eindeutigen und eigenständigen künstlerischen und architektonischen Charakter. Zu den vielen bedeutenden Architekten dieser Bewegung zählen neben den bereits erwähnten Vilaseca und Domènech auch Eric Sagnier, Pere Falqués, Salvador Vinâls, Antoni Gallissà, Josep Puig i Cadafalch und andere mehr.

Josep Vilaseca i Casanovas (1848–1910) war in jeder Hinsicht Modernist und übte neben der Tätigkeit des Architekten auch die des Dekorateurs, Zeichners, Malers und sogar Schauspielers aus – ganz im Sinne eines Humanisten der Renaissance. Sein Freund und Kollege Lluís Domènech i Montaner (1850–1923) gilt als Hauptfigur des Modernismus. Auch er ein vielseitiges Talent, widmete er sich der Politik, Archäologie, Heraldik und Kunstgeschichte und war zugleich ein hervorragender Zeichner und Aquarellist. Als Architekt übernahm er unter anderem die Restaurierung historischer Monumente im romantischen Stil Viollet-le-Ducs. Jedoch zeugen seine Arbeiten von weit größerem Einfallsreichtum, wie das Beispiel des Schlosses Santa Florentina in Canet de Mar belegt, das neben neogotischen Elementen zugleich Details höchst persönlicher und eigenwilliger Prägung aufweist. Erwähnenswert in diesem Zusammenhang ist die geplante, aber nie realisierte Vollendung der gotischen Laterne des Klosters von Poblet. Darüber hinaus gehört zu seinem Oeuvre das Krankenhaus S. Paolo in Barcelona mit mehreren, durch unterirdische Gänge miteinander verbundenen Gebäuden, ein bedeutendes Beispiel zukunftsweisender Krankenhausarchitektur jener Zeit, die ihren Ausdruck in überaus gelungenen Formen und farbigen Dekorationen im Stil des Modernismus findet; außerdem der Palau de la Música Catalana, jener im Besitz des Orfeó Català befindliche Konzertsaal, der alle wesentlichen Elemente des Modernismus in sich vereint: Wandverkleidungen in Gestalt vielfarbiger Mosaike, Kacheln, deren Motive oder Reliefs der Künstler selbst entwarf, farbiges Glas, prächtige Lampenschirme aus Glas und Metall, weiß angemalte enorme Skulpturen aus imitiertem Stein, die in die architektonischen Strukturen integriert sind, so z.B. der kolossale Walkürenritt, der den Bühnenrahmen des Konzertsaals (1905–1908) bildet.

Des weiteren sei Josep Puig i Cadafalch (1867–1956) hervorgehoben, Doktor der Mathematik, Archäologe, Architekt, Experte auf dem Gebiet der romanischen Architektur, Schriftsteller und Forscher, der ab 1897 ein bedeutendes Oeuvre schuf, in dem Spätgotik, *mudéjar*- und Platereskenstil eine höchst faszinierende Synthese eingehen.

Danach näherte sich der katalanische Modernismus, verkörpert durch die Architekten der folgenden Generation, dem Stil der Wiener Olbrich und Wagner und der Deutschen Poelzig und Behrens an, um schließlich mit Beginn des 20. Jahrhunderts zu verebben. Man kehrte zu den klassischen Formen volkstümlicher mediterraner Tradition zurück, bis in den Dreißigerjahren der europäische Rationalismus seinen Einfluß geltend machte. Soweit der Abriß des Kunst- und Architekturgeschehens in Barcelona zu jener Zeit, in der auch Gaudí in dieser Stadt wirkte.

Weil seine Schaffensperiode zeitlich mit einer so üppigen und spektakulären Stilentfaltung zusammenfiel, sah man in Gaudí eine der Hauptakteure eben dieser Bewegung, das heißt, einen der Modernisten Kataloniens. Bei eingehenderer Beschäftigung mit seinem Werk stellt man allerdings fest, daß es sich hierbei um eine unfundierte Verallgemeinerung handelt, daß Gaudí eine Besonderheit darstellt, und zwar nicht nur im Hinblick auf seine Beziehung zum Modernismus, sondern ebenso zu jeder anderen früheren wie auch zeitgenössischen Stilrichtung. In seinem Frühwerk finden sich Elemente islamischer Baukunst, und im Laufe seiner gesamten Entwicklung begegnet man immer wieder gotischen Reminiszenzen, doch spielen sie stets eine Nebenrolle und gehen völlig in seiner Architektur auf. Zum besseren Verständnis seien die Eigenheiten seines persönlichen Stils, die ihn von all seinen Landsleuten und Zeitgenossen merklich unterscheiden, im folgenden näher erläutert.

Die Natur - Quelle der Inspiration

Gaudí war zunächst einmal Architekt und nichts anderes als Architekt. Ihm lag nichts am Schreiben und Veröffentlichen, nur zwei seiner Abhandlungen wurden gedruckt (1881 bzw. 1916). Niemals verspürte er den Drang zu lehren, seine Ambitionen als Vortragsredner beschränkten sich auf das persönliche Vergnügen, illustren Besuchern seine Sagrada Familia zu erläutern. Am politischen Leben nahm er nicht teil, und als man ihm das Amt eines Abgeordneten anbot, lehnte er entschieden ab. Er blieb unverheiratet, lernte also niemals das Ehe- oder Familienleben kennen.

Seine große Leidenschaft war die Baukunst im weitesten Sinne, die er mehr und mehr als eine Art Religion ansah, so wie er die Religion, in ihrer Eigenschaft als harmonisches und geordnetes Werk des Schöpfers, in gewisser Weise mit der Architektur gleichsetzte.

Die Distanzierung von jeglicher Tätigkeit außerhalb des Bereiches der Architektur findet ihre Begründung in der besonderen Weltsicht Gaudís. Er war ein scharfsinniger und wacher Beobachter der Natur, der schon in jungen Jahren fasziniert war von den »Konstruktionen«, die es im Tier- und Pflanzenreich sowie in der Geologie zu entdecken gab.

Aus der Erkenntnis, daß die Natur, während sie die kompliziertesten konstruktiven Probleme löst, zugleich auch die naheliegendste und gefälligste Form hervorbringt, leitete sich sein untrügliches Gespür für Schönheit ab.

In seinen Augen durfte die Architektur sich nicht allein auf Fragen der Statik beschränken, sondern mußte gleichzeitig auch die der Ästhetik berücksichtigen, und er hatte erkannt, daß ein Techniker, so intensiv er auch arbeiten mochte, niemals so viele Experimente durchführen konnte, wie sie die Natur seit dem ersten Schöpfungstag vollbracht hat.

Für die Sagrada Familia entwarf er baumartige Säulen aus der festen Überzeugung heraus, daß der Baum eine absolut ausgereifte Struktur besitzt, die sich seit Urzeiten bewährt hat und daher über jede Korrektur erhaben ist. Doch nur ein Gaudí konnte eine solche Logik auf diese Weise umsetzen, da sie eine scharfe Beobachtungsgabe voraussetzt und keinerlei intellektuelles Vorurteil duldet.

Auch der zu Gaudís Zeiten vorherrschende Modernismus machte reichlich Gebrauch von Pflanzenmotiven für die Dekoration von Kacheln, Glasflächen, Stuckarbeiten und Gemälden, doch fielen diese niemals naturgetreu aus; sie wurden dem Verstand unterworfen, vereinfacht, in Symmetrien oder Asymmetrien gezwängt und, um es in der Sprache der Kunst auszudrücken, so »komponiert«, daß sie in ihrer Gesamtwirkung einen ansprechenden Anblick boten, auch wenn sie mit dem natürlichen Vorbild nicht mehr viel gemein hatten. Gaudí hingegen konnte so nicht verfahren. Aus der Beobachtung der Pflanzen und Tiere leitete er die außergewöhnlichen Ideen ab, die seine Entwürfe auszeichnen – zweifellos ist das Skelett eines Wirbeltieres der Inbegriff konstruktiver Perfektion – und bezog zugleich daraus Anregungen für die Verwendung von Farben, Strukturen und Ornamenten, die auch nicht der geringsten Verbesserung bedurften: Es genügte, die Blüten, Vögel und Schlangen so wiederzugeben, wie sie wirklich sind. Um die Unmengen von Formen und Vorbildern, die sein wacher Blick in der Natur entdeckte, überhaupt verarbeiten zu können, entwickelte Gaudí eine neue Art von Geometrie, die es ihm erlaubte, seine Beobachtungen gewissermaßen zu abstrahieren und sie so auf seine Projekte zu übertragen.

Seit den Zeiten der alten Griechen und Ägypter bis heute legten die Architekten ihren Entwürfen bevorzugt die Gerade beziehungsweise elementare Formen der Planimetrie oder Stereometrie zugrunde. Lineal, Zirkel und Winkeldreieck waren das Handwerkszeug, mit dem sich Dreiecke, Quadrate, Kreise und Rechtecke zeichnen ließen, die bei richtiger Anordnung die Darstellung dreidimensionaler Figuren, wie Kugel, Würfel, Prisma und Pyramide, gestatteten.

Gaudí machte die Beobachtung, daß diese

Formen zwar in der Natur vorkommen, sich allerdings so selten finden, daß sie dann sogleich als Kuriositäten in die Sammlungen der Naturkundemuseen aufgenommen werden: Würfel aus Pyrit, Dodekaeder aus Zinnober, Prismen und Pyramiden aus Kristall. Schon im Altertum brachte man diese elementaren Erscheinungsformen mit den Urelementen der Schöpfung in Verbindung. In seiner Schrift »Timaios« setzt Platon das Tetraeder mit dem Feuer gleich, das Oktaeder mit der Luft, das Ikosaeder mit dem Wasser und den Würfel mit der Erde. Das Pentagondodekaeder galt als Quintessenz und, zusammen mit der Kugel, als der symbolträchtigste aller geometrischen Körper.

Symbolismus und Abstraktion vermochten jedoch die Auffassung Gaudís von Architektur nicht maßgeblich zu beeinflussen: In seinen Augen mußte die Architektur in der Natur wurzeln, denn diese war greifbare Realität, war Statik und Ästhetik zugleich.

Paraboloid, hyperbolisches Paraboloid und Helicoid

Von Anfang an verwendete Gaudí das Paraboloid, das gemeinhin als planmäßigste und »mechanischste« aller Bogenformen gilt. Gewiß, die Architekturgeschichte kennt nur äußerst wenige Beispiele für den Einsatz des Parabolbogens – so am byzantinischen Palast von Ctesiphon –, denn er ist bei weitem nicht so leicht zu konstruieren wie der Rund- oder der Spitzbogen.

Auch der Zimmermann, der den Lehrbogen anfertigen muß, gibt dem Kreisbogen oder selbst noch der Ellipse den Vorzug. In der Sierra de Prades, oberhalb von Reus, wo Gaudí seine Kindheit verbrachte, steht ein Felsbogen von perfekter paraboloider Form, der allein durch Winderosion zustande kam. In seiner kindlichen Phantasie glaubte er, daß die Natur Bogen in einer solchen Form hervorbringe, weil sie wohl die einfachste und praktischste sei.

Während des Studiums an der Escola Superior d'Arquitectura vertiefte er sich in die theoretischen Schriften Rondelets und Millingtons, nach deren Auffassung das Paraboloid die genialste aller Bogenformen darstellt; sie bezeichnen es als »ausgewogenen Bogen«, da sein Verlauf genau dem der Drucklinie entspricht, setzen aber gleichzeitig hinzu, daß seine seltene Verwendung auf seine unschöne Form zurückzuführen sei. Gaudí sah darin ein Vorurteil, das er mit dem Argument zurückwies, seine Funktionalität mache, ganz im Gegenteil, die eigentliche Schönheit dieses Bogens aus. Im Laufe seiner künstlerischen Entwicklung befaßte er sich zunehmend auch mit anderen geometrischen Formen, die in ihrer Einfachheit an die Grundelemente der Stereometrie heranreichten, zugleich aber insofern als »alternativ« bezeichnet werden könnten, als sie unmittelbar dem Formenspektrum der Natur entstammen.

Ab diesem Punkt gründete sich die Architektur Gaudís ganz konkret auf das Hyperboloid, das hyperbolische Paraboloid und das Helicoid, auf gekrümmte Flächen also, die ausschließlich aus Geraden gebildet werden. Unter einem hyperbolischen Paraboloid versteht man eine gekrümmte Fläche, die durch eine Gerade, die sogenannte Erzeugende, zustande kommt, die sich so bewegt, daß sie zwei andere, nicht parallel in der Fläche befindliche Geraden – Leitlinien – berührt; ein unendlicher Sattel ist das Resultat dieser Bewegung.

Im Gegensatz hierzu muß man sich das Hyperboloid wie einen Oberschenkelknochen vorstellen. Hyperbolische Paraboloide finden sich vierfach an der menschlichen Hand, wobei jeweils zwei Finger die Leitlinien bilden und die Sehnen zwischen ihnen die Erzeugenden darstellen. Ein Baum dagegen weist im Schnitt Helicoide auf. Seine scharfe Beobachtungsgabe ließ Gaudí diese versteckte Geometrie erkennen. Er setzte sie sodann konsequent in seinen Konstruktionen um und entwickelte auf diese Weise statische und ästhetische Lösungen, in denen sich die Jahrmillionen währende Evolution der Natur widerspiegelte.

In der Säulenhalle der Krypta der Colònia Güell wurden zum ersten Mal in der Geschichte der Architektur Gewölbe und Wände in Form hyperbolischer Paraboloide realisiert, und es sollte mehr als ein halbes Jahrhundert vergehen, bis die Vertreter des Organismusgedankens diese Idee erneut aufgriffen. Die Gewölbe der Sagrada Familia wurden als Hyperboloide konzipiert, da sich das Paraboloid in einem geschlossenen Raum, der vom einfallenden Sonnenlicht erhellt wird, als ideale Form erwies.

Diese konstruktive Nachahmung der Natur wurde durch dekorative Mittel ergänzt, die sich botanischer, zoologischer und geologischer Elemente bediente. Die Wirkung ist verblüffend. Auf den ersten Blick weckt die üppige Dekoration der Werke Gaudís Assoziationen an jene dynamische und verschwenderische Ornamentik, der man so häufig im Jugendstil begegnet, doch in Wirklichkeit unterscheiden sich sowohl Ausgangspunkt als auch Resultat deutlich davon.

Wohl niemand, der die an eine Felslandschaft unter Wasser erinnernde Fassade der Casa Milà in Barcelona etwas eingehender studiert, wird auf den Gedanken kommen, ein Werk des Jugendstils vor sich zu haben.

Die Baukunst Gaudís ist im Wesentlichen zeitlos, seine konstruktiven, technischen und phantasievollen Entwürfe könnten ebensogut von einem gotischen Baumeister wie vom avantgardistischsten Architekten der heutigen Generation stammen. Im Gegensatz zum Modernismus, der in Katalonien in einem vorübergehenden Klima der Euphorie schnell aufkeimte und nichts weiter als eine kurzlebige Episode darstellt, konnte sich die komplexe und dabei so einfache architektonische Konzeption Gaudís nahezu unverändert behaupten, ungeachtet der Vielzahl der Erfahrungen, mit denen der Architekt im Laufe seiner künstlerischen Entwicklung in Gestalt zahlreicher stilistischer Strömungen – vom Eklektizismus über den Modernismus, Rationalismus und Expressionismus bis hin zum Organismusgedanken – konfrontiert wurde. Nur einige wenige Vertreter dieser Schulen, wie Sullivan oder Wright, begriffen die ebenso eigenwillige wie großartige Künstlerpersönlichkeit, die an der Entwicklung einer neuen architektonischen Sprache arbeitete – weniger, um damit ein neues Ausdrucksmittel zu schaffen, sondern vielmehr, um eine neuartige Auffassung von Architektur zu vermitteln, die sich als Fortführung der Schöpfung verstand und von tiefempfundener christlicher Religiosität beseelt war.

Alle Bauwerke Gaudís, selbst die nichtkirchlichen, weisen christliche Symbole auf. Das Kreuz reckt sich am höchsten Punkt der Casa Batllò und in Bellesguard ebenso empor wie im Park Güell oder auf der Casa Milà. Auch der Palacio Güell schließt mit einem Kreuz ab, und ebenso war eines für das Chalet Graner und die Casa Miralles geplant.

Diese tiefe Gläubigkeit – sie war dem Katholizismus und dem römischen Kulturkreis verhaftet und vereinte orientalischen Spiritualismus mit heidnischem Symbolismus – bewirkte in Verbindung mit einer extremen Gleichgültigkeit gegenüber den intellektualisierten Kunstrichtungen jener Zeit die völlige Isolation Gaudís, der sich in den letzten Jahren seines Lebens in den Elfenbeinturm der Sagrada Familia zurückzog, unberührt von allen Moden und Krisen, vom Ringen um Ruhm und Anerkennung, wie sie so häufig bei anderen Künstlern zu finden sind.

Man hat Gaudí mit den Baumeistern des Mittelalters verglichen und nannte ihn zuweilen sogar im gleichen Atemzug mit Kabbala und Alchemie. Doch nur eines trifft mit Gewißheit auf ihn zu: Wie die Erbauer der großartigen Kathedralen des 13. und 14. Jahrhunderts wollte auch er Werke schaffen, die in jeder Hinsicht »perfekt« waren. Und wie die gotischen Baumeister, die wirklichkeitsgetreue *Grisaille*-Miniaturen anfertigen ließen, um sie dann in zwanzig oder dreißig Metern Höhe anzubringen, wo der Betrachter keine Einzelheiten mehr erkennen kann, so strebte auch Gaudí in allen Details und selbst an uneinsehbaren Stellen seiner Bauten die optimale Lösung an. Er war durchdrungen von dem alleinigen Wunsch, seine Mission als ganzheitlicher Baumeister zu erfüllen, der die Architektur als Kunst und die Kunst als menschliche Äußerung der Herrlichkeit Gottes verstand.

Eine nähere Untersuchung der im Entwurf der Sagrada Familia enthaltenen Symbolik enthüllt die Vielzahl der Bezüge zu Liturgie und Ritus, die der Architekt in seine Werke einfließen ließ. Ebenso stößt man im Park Güell allerorts auf religiöse Symbole, die das Anliegen Gaudís deutlich machen: aus der Natur Inspirationen zu beziehen und sie in religiöse Symbole zu verwandeln und umgekehrt die religiöse Symbolik in die Natur einzuarbeiten, um so zwischen beiden Elementen einen engen Bezug herzustellen, eine ewige Verbindung zwischen ihnen zu schaffen.

Gaudí empfand jene Liebe zur Natur, die schon Franz von Assisi beseelte, und mit diesem teilte er auch die Gesinnung der Bedürfnislosigkeit, die in seinen Werken in der häufigen Verwendung von Abfallmaterialien zum Ausdruck kommt. In vielen seiner Bauten benutzte er beispielsweise Glasstückchen oder Kachelsplitter, um zu demonstrieren, daß die ästhetische Wirkung eines Bauwerks nichts mit der Qualität des verwendeten Materials zu tun hat.

Bei der Frage, welche Auswirkungen diese Architektur auf unsere heutige Zeit oder in Zukunft haben könnte, darf man eines nicht vergessen: Es geht nicht darum, einen »Gaudismus« zu schaffen, der sich auf reine Nachahmung oder auf das Kopieren der Bauten dieses großen Architekten beschränkt. Sicherlich gibt es aber einen Weg, auf der Grundlage dieser neuen Geometrie neuartige bauliche Ausdrucksformen zu entwickeln, die allerdings den unmittelbaren und kontinuierlichen Dialog mit der Natur voraussetzen. Ein solcher Ansatz könnte die Lösung so mancher Probleme der gegenwärtigen Architektur und Städteplanung bedeuten.

Der Begriff »Ökologie« war zu Lebzeiten von Gaudí noch nicht gebräuchlich. Dennoch ist gerade Gaudí, dessen Bauten sich perfekt in die Umgebung einfügen und ihre Form und Ausgestaltung aus der Natur beziehen, fraglos als Vorreiter der ökologischen Bewegung anzusehen. Besonders anschaulich beweist dies der Park Güell, in dem die Grenzen zwischen der Schöpfung der Natur und dem Werk des Künstlers ineinanderfließen und oftmals kaum noch auszumachen sind.

Charakteristisch für die Arbeitsweise Gaudís war die häufige Mißachtung behördlicher Anordnungen und Richtlinien wie auch ein gewisser Vorbehalt gegenüber mathematischen Berechnungen, die er zwar einerseits durchaus für nützlich, andererseits wegen ihrer allzu großen Abstraktheit jedoch auch für gefährlich hielt. Gaudí zog die höchst simple, dabei aber äußerst zuverlässige empirische Kalkulation den komplizierten Operationen der höheren Mathematik vor und nahm auch in dieser Hinsicht die Gedanken einiger moderner Architekten vorweg, die im Computer eine ernsthafte Gefahr für humanes Bauen und menschengerechte Stadtplanung sehen.

Es sei allerdings hinzugefügt, daß der Architekt nicht die Mathematik als solche ablehnte, sondern sie vielmehr in ihre Schranken weisen wollte, um zu verhindern, daß sie den Verstand und Willen des Menschen völlig beherrscht. Wesentlich für das Verständnis Gaudís ist auch die Tatsache, daß er die Architektur als höchste der schönen Künste ansah, daß seiner Meinung nach die Gestaltung jedweden architektonischen Elementes künstlerische Begabung voraussetzte und insofern das Resultat immer grandios sein mußte. Daraus ergibt sich, daß Architektur, um als solche zu gelten, imposant sein muß. Dabei muß sie nicht unbedingt von einem Architekten stammen.

Als er eines Tages in Begleitung seines Schülers Juan Bergós den Paseig de Gracia in Barcelona entlangschlenderte, blieb er vor der Casa Milà stehen und sagte: »An diesem Haus haben zwei Brüder mitgearbeitet: der eine war ein einfacher Maurer, der andere ein diplomierter Architekt und Dozent. Ob Sie es glauben oder nicht, der Maurer war für mich von weit größerem Nutzen.«

In der Persönlichkeit Gaudís, der sich so sehr von den meisten anderen Architekten unterscheidet, lebt das iberische Wesen in Gestalt eines rebellischen Geistes, eines Bewußtseins für Stolz und Würde, das ohne jeden Hochmut auskommt, weiter.

In diesem Sinne verkörpert der Künstler die Quintessenz, das platonische »Pentagondodekaeder« seiner sonnenüberfluteten und farbenfrohen Heimat mit ihren steilen Bergen, steinigen Ebenen und ihren Küstenstrichen, die sich gegen das strahlend blaue Mittelmeer abheben – jenes Meer, an dessen Gestaden die Wiege der griechisch-römischen Kunst und Kultur stand und das zu ihrer Verbreitung beigetragen hat.

Katalanisches Wappen und Schlangenkopf an einem Brunnen an der Treppenanlage des Park Güell.

Casa Vicens

Antoni Gaudí, überragende Figur der modernen Architektur, ließ sich bei seinen Entwürfen in erster Linie von der Phantasie leiten. Die Technik, die er souverän beherrschte, diente ihm lediglich als Instrument, mit dessen Hilfe er immer freiere und kühnere Konstruktionen realisierte. Gliederung und Funktion seiner Gebäude mußten sich einer Form unterordnen, die der Architekt durch ein ausdrucksstarkes und farbenfreudiges Spiel vielfältigster Materialien und Motive unterstrich. Die Mehrzahl seiner Werke konzentriert sich in Barcelona, da Gaudí gerade hier Auftraggeber fand, die seiner Kunst aufgeschlossen gegenüberstanden, und da es in der katalanischen Hauptstadt außerdem versierte Handwerksbetriebe gab, die mit den von ihm bevorzugten Materialien umgehen konnten: Aus Ziegeln, Keramikfliesen, Glas, Stein und Schmiedeeisen wuchsen seine Bauten wie Skulpturen, in deren Entstehungsprozeß der Architekt immer wieder eingriff, um Details zu ändern oder sogar das Gesamtbild zu modifizieren. Das erste bedeutende Werk Gaudís ist die Casa Vicens, die er 1883 für den Ziegel und Fliesenfabrikanten Manuel Vicens Montaner in der 1897 an Barcelona angegliederten Gemeinde Villa de Gracia errichtete. Noch heute wird das Haus, das 1925 mit Zustimmung Gaudís durch den Architekten Joan Baptista de Serra de Martinez umgebaut und erweitert wurde, privat genutzt; die ursprüngliche Einrichtung und selbst die Dekoration blieben weitgehend erhalten. Zu den äußeren Gestaltungsmerkmalen der erkerverzierten Villa gehören unverputzte Ziegel mit dazwischen verlaufenden Bändern aus einfarbig weißen und blaugrünen sowie mit einem Tagetesmuster geschmückten Kacheln. Beim Anblick der Casa Vicens denkt man unwillkürlich an die islamische Baukunst, die Gaudí von Photographien in der Bibliothek der Escola Superior d'Arquitectura vertraut war. Das Haus umfaßt ein Untergeschoß mit Bädern und Kellerräumen, das Hauptgeschoß mit dem Eßzimmer, der angrenzenden Galerie und dem kleinen Rauchsalon, und ein Obergeschoß mit den Schlafzimmern. Besondere Erwähnung verdient das herrliche schmiedeeiserne Eingangstor mit dem für Gaudí charakteristischen Palmblattmotiv. Die Abbildung rechts zeigt den Haupteingang der Casa Vicens.

Die Casa Vicens läßt eine eher traditionelle Raumaufteilung erkennen. Die sehr reiche Innendekoration schöpft aus einem Repertoire bekannter Stilelemente, die der Architekt im freien Spiel der Phantasie kombiniert. Bis ins kleinste Detail wurde die Wand und Deckenornamentik des Eßzimmers (auf diesen beiden Seiten) von Gaudí durchkomponiert: an den Wänden grüne Efeuranken auf goldfarbenem Grund, dazwischen Gemälde von José Torrescassana Pallarés (1845–1918), einem Schüler von Ramón Martí Alsina.

Zarte floreale Motive zeigt die Kachelverkleidung des Kamins (unten) zwischen den beiden zur Galerie führenden Türen. Die Türfüllungen sind mit Darstellungen exotischer Vögel in Anlehnung an die zeitgenössische englische Malerei dekoriert. Auch der Mosaikfußboden, die Möbel mit ihren originellen Beschlägen und die Bilderrahmen gehen auf Gaudí zurück. Mit seinen Mobiliarentwürfen, die mit ihren neuartigen Ansätzen über die Lösung rein ornamentaler Probleme weit hinausgehen, vermittelte er der Innenarchitektur wichtige Impulse.

Auf farbig bemalten Konsolen ruhen die Deckenbalken im Eßzimmer; die Zwischenräume sind mit aufwendigen Stuckarbeiten ausgefüllt, üppigen Kirschzweigmotiven, die mit großen Muschelschalen abschließen. Dagegen ist die Decke der an das Eßzimmer angrenzenden Galerie als Kuppel gestaltet, deren Bemalung auf den ersten Blick suggeriert, man befinde sich im Freien unter Palmen. Ursprünglich war die Galerie unverglast und nur mit Holzjalousien im japanischen Stil versehen. Parallel zur Casa Vicens schuf Gaudí in Comillas bei Santander an der spanischen Nordküste die Villa El Capricho. Sie läßt eine freiere Architektur erkennen, die das Licht als gestalterisches Element mit einbezieht und einen weit stärkeren Bezug zur unmittelbaren Umgebung herstellt. Auch in diesem Bauwerk wurde die Dekoration absolut durchkonzipiert, und auch hier zieren Kacheln – die allerdings jeweils eine große Sonnenblume im Hochrelief zeigen – die Außenwände.

Unverkennbar islamische Einflüsse manifestieren sich im kleinen Rauchsalon der Casa Vicens (unten und rechts). Die interessante und mit Originalität ausgeführte Deckengestaltung verwendet ein maurisches Motiv, in das sich die mit arabischen Schriftzeichen dekorierte Lampe harmonisch eingliedert. Zwischen Stalaktiten aus bemaltem Gips mit stilisierten Palmblättern hängen Trauben von Datteln herab. Für die Wände wählte Gaudí unten bemalte Kacheln und darüber eine Verkleidung aus Papiermaché.

1883 erwarb der kulturell aufgeschlossene Industrielle Eusebio Güell, Bewunderer und Förderer Gaudís, ein Landgut in Les Cort de Sarrià, an der heutigen Avenida Pedralbes in Barcelona, und beauftragte den katalanischen Architekten mit der Restaurierung der Villa und dem Bau des Pförtnerhauses (links), der Stallungen, der Reithalle und der Einfriedung des Grundstücks. Vom Werk des Architekten geblieben sind das prachtvolle Eingangstor (unten), das Pförtnerhaus und die Ställe mit der Reithalle, die unübersehbar an den Mudéjar-*Stil anknüpfen.*

Besonders offensichtlich wird dieser Einfluß an den Gebäudemauern, die aus Ziegeln und Terrakotten errichtet und mit wabenartig versetzten halbkreisförmigen Mustern verziert sind. Über dem Pförtnerhaus, das ein ebenerdiges Speisezimmer und zwei weitere Räume im Obergeschoß umfaßt, erhebt sich eine mit einer Laterne gekrönte Kuppel. Ein Ungeheuer bewacht – wie in der Hesperiden-Sage – den Eingang des Anwesens: Für das Drachentor griff Gaudí auf Elemente traditioneller katalanischer Schmiedekunst zurück und kombinierte sie genial mit Drahtnetz.

Weit beeindruckender noch als das Werk in seiner Gesamtheit sind die Details an den einzelnen Gebäuden der Finca Güell, die nicht selten dem Mudéjar-*Stil entlehnt sind. Für Gaudí charakteristische Elemente sind die Laternen des Pförtnerhauses (Teilansicht unten links) sowie das lichtdurchflutete Türmchen, das sich über dem großzügigen Hyperboloid-Kuppeldach der Reithalle erhebt (rechts). Sie wurden mit farbigen Keramikstückchen verziert, die sich zu lebhaften geometrischen Mustern zusammenfügen.*

Solche Steinchen boten sich zur mosaikartigen Verkleidung der im Werk des Gaudí so häufig vorkommenden gekrümmten Flächen weit eher an als ganze Fliesen. Äußerst interessant ist auch die aus Antimon gefertigte Bekrönung des Torpfostens (rechts oben), die – Anspielung auf den Garten der Hesperiden – einen Orangenbaum darstellt. Mit dem Bau der Finca Güell bewies der junge Gaudí seinen Ideenreichtum in der Interpretation historischer Stilelemente und verwendete erstmals die für sein späteres Werk so charakteristischen Parabolbogen und -gewölbe.

Im Jahre 1886 wurde Gaudí mit dem Bau eines Stadtpalastes für Eusebio Güell betraut und konzipierte ein Gebäude, das aufgrund seiner Verschiedenheit von den in der Stadt üblichen Häusern heftige Diskussionen auslöste. Tatsächlich handelt es sich beim Palacio Güell um das erste in völliger Eigenregie entstandene Werk Gaudís, der sich hier zum ersten Male mit dem Problem begrenzten Baugrunds auseinandersetzen mußte. Die Lösung bestand in einem originellen Entwurf, der sich über jegliche stilistische Einengung hinwegsetzt, zugleich aber eine Ahnung byzantinischer und maurischer Architektur vermittelt und Formen

hervorbringt die den Jugendstil vorwegnehmen. Auffälligste Details der Fassade sind zwei Eingänge mit eigenartiger parabolartiger Bogenform, nicht durch Holztore verschlossen, sondern – eine absolute Neuheit in Barcelona – durch schmiedeeiserne und damit lichtdurchlässige Gitter; ein weiterer Blickpunkt ist die Doppelreihe parabolischer Fenster der Galerie an der Straßenseite, die das von außen eindringende Licht filtern. Vom Vestibül (links), das im Gegensatz zu den bisherigen Bauwerken Gaudís auf dekorative Mittel zur Kaschierung struktureller Elemente verzichtet, führt eine Treppe zum ersten Stock (unten).

Die originelle Auffassung von Räumlichkeit Gaudís offenbart sich deutlich im Inneren des Palacio Güell, dessen Einteilung in Stockwerke durch den zentralen Raum, um den alle übrigen Zimmer angeordnet sind, nahezu aufgehoben wird. Die Große Halle (unten und rechts) erstreckt sich über drei Etagen und schließt mit einem auf Säulen ruhenden Parabolgewölbe ab, das seinerseits von einer konusförmigen Kuppel gekrönt ist. Erhellt wird der Raum durch mehrere Aussparungen im Gewölbe sowie vier seitliche Oberlichter.

Die Parabolbogen des Salons des Palacio Güell stützen sich in der Galerie an der Straßenseite auf Marmorsäulen mit Kapitellen in Hyperboloidform (links). In der Deckengestaltung setzte der Architekt seine persönliche Interpretation maurischer Architektur meisterhaft um. Der Raum wurde als Konzertsaal ebenso genutzt wie bei festlichen Empfängen und für Gottesdienste. Um den zentral aus der Dachterrasse aufragenden Turm sind achtzehn unterschiedlich geformte und ausgestaltete Schornsteine und Entlüftungskamine gruppiert (unten) – phantastische Wesen einer Märchenlandschaft.

Mit dem Bau des Colegio Teresiano wurde 1888 begonnen. Die ursprünglichen Pläne stammten von einem ungekannten Architekten, doch wurde Gaudí 1889 mit der Fortführung beauftragt. Da der Grundriß des bereits bis zum ersten Stock gediehenen Gebäudes feststand, mußte er sich auf die äußere Umgestaltung beschränken und verlieh dem Gebäude jenen sachlichen Charakter, den er auch dem ein Jahr zuvor gegonnenen neugotischen Bischofspalast von Astorga aufgeprägt hatte. Die Verbindung von unverputztem Naturstein und Backsteinblenden trägt die Handschrift Gaudís. Eine rhythmische Aufeinanderfolge hoher, im Obergeschoß durch gemauerte Bogen gerahmter Fenster, ein das Gebäude krönender Zinnenkamm, die Gestaltung der Gebäudeecken in Form einer gedrehten Säule, unterbrochen vom Wappen des Karmeliterordens und hoch überragt von einem roten vierarmigen Kreuz (links), beleben die Fassaden des Ordenshauses. Die strenge Geometrie der Vorder- und Rückseite wird jeweils durch den zentralen Vorbau aufgelockert (rechts), dessen wabenähnliche Strukturierung an die Finca Güell denken läßt.

Zu den bemerkenswertesten Charakteristika des Colegio Teresiano gehört der in Form eines Parabolbogens ausgeführte Eingang mit dem herrlichen schmiedeeisernen Tor (Seite 36). Das Innere des Ordenshauses, das die asketische Nüchternheit der Außenfassaden aufgreift, beeindruckt durch die schlichte Raumaufteilung sowie das Fehlen jeglicher, für das Frühwerk des katalanischen Architekten sonst so typischer dekorativer Elemente oder Farbeffekte. Besondere Erwähnung verdient der Innenhof und der darüber liegende Korridor im ersten Stock mit seinen sehr dicht gesetzten Parabolbogen (links), ein ebenso originelles wie persönlich gefärbtes Zitat aus der Gotik in der zeitgenössischen Baukunst seinesgleichen sucht. Das 1889 vollendete und anschließend ohne die Mitwirkung Gaudís erweiterte Colegio Teresiano stellt trotz der bescheidenen zur Verfügung stehenden Mittel eines der interessantesten Werke der damaligen Schaffensperiode Gaudís dar.

Die Entwurfsarbeiten für die Casa Calvet waren am 29. März 1898, der Bau selbst 1900 abgeschlossen, wie die Auszeichnung der Stadt Barcelona für das optisch wie technisch gelungenste Gebäude des Jahres belegt. Gezielt eingesetzte barockisierende Details zieren die ansonsten in schlichtem Quadergestein gehaltene Vorderfront: zwei elegant geschwungene Giebelaufsätze, ein verschwenderisch verzierter Erker über dem Hauseingang (unten), geschmückt mit dem Wappen der Bauherrenfamilie und einer Zypresse als Symbol der Gastfreundschaft, sowie die kunstvollen Eisengitter der Balkone.

Vestibül und Aufzug (rechts) präsentieren ein gelungenes Miteinander barocker Reminiszenzen und zukunftweisender Elemente eine aufwendige Dekoration aus gedrehten Säulen mit Kapitellen in Form von Palmblattkronen, aus Schmiedeeisen, Holz und Kristall. Von großem Einfallsreichtum zeugt die Rückfront des Hauses, in der verglaste Galerien mit Balkonen rhythmisch abwechseln. Besondere Aufmerksamkeit verdient das Mobiliar, beispielsweise die von Gaudí unter Berücksichtigung der menschlichen Anatomie gestalteten Bänke und Stühle.

Im Jahre 1895 entschloß sich Güell zum Bau eines Komplexes mit Wohnungen, Läden, Kellern und einer Kapelle für das Personal seines Weingutes in Garraf, nahe bei Sitges an der felsigen Küste des Mittelmeeres. Das aus Naturstein und Ziegeln errichtete Gebäude wurde Anfang dieses Jahrhunderts fertiggestellt. Es besticht nicht zuletzt durch die perfekte Harmonie mit der Umgebung, unter anderem einem mittelalterlichen Turm, zu dem eine als Parabolbogen gestaltete Brücke hinüberführt. An dem Bau

maßgeblich beteiligt war der Mitarbeiter Gaudís, Francisco Berenguer Mestres (1866–1914), dem man deshalb die Bodegas Güell irrtümlicherweise lange Zeit zuschrieb. Links: Blick auf die Bodegas Güell mit Pförtnerhäuschen und Haupteingang mit dem Tor aus Eisenketten. Unten: Detailaufnahme der Kapelle, die den oberen Teil des Komplexes einnimmt. Sie fügt sich mit ihren Parabolbogen zwischen die beiden zeltförmigen Dachflächen ein.

Im Jahre 1900 beauftragte Doña María Sagués, verwitwete Figueras, Gaudí mit dem Bau eines Landhauses. Der an der Peripherie Barcelonas gelegene Bauplatz namens Bellesguard wies noch die Überreste einer Sommerresidenz auf, die sich der letzte König Barcelonas, Martí I., »der Menschliche« genannt, 1409 dort hatte errichten lassen. Nach erfolgter Restaurierung der alten Gemäuer ließ Gaudí, da er sie mit dem neuen Haus in einem gemeinsamen Garten integrieren wollte, einen Weg umleiten: Um den Bach Belén zu überwinden, konstruierte er ein Viadukt auf

geneigten Säulen, mittels derer er den Schub der Böschung abfing (Abbildung auf dieser Seite). Diese Lösung kam später im Park Güell noch oft zur Anwendung. Gaudí konzipierte Bellesguard (rechts) vollkommen in Eigenregie und überwachte auch die Bauarbeiten bis 1909 selbst. Ab da erhielt er Unterstützung durch Domingo Sugrañes, der ebenso bei anderen Projekten mitarbeitete. Der 1916 abgeschlossene Bau läßt gotische Grundzüge in origineller Eigeninterpretation erkennen.

Aus dem quaderähnlichen Gebilde ragt ein schlanker Turm auf, dessen Spitze eine Königskrone und ein vierarmiges Kreuz, beinahe schon ein Markenzeichen Gaudís, trägt. Die aus Naturstein errichteten Außenwände von Bellesguard faszinieren durch ihr zartes Farbenspiel und die Reliefdekorationen: Dafür verwendete er Kachelstückchen und kleine Steine, die in eine Form gefüllt und erst anschließend mit Mörtel bedeckt wurden, so daß sich nach dem Stürzen der Form die Steinchen an der Oberfläche befanden. Links eine Teilansicht der Fassade, unten der Haupteingang.

Im Inneren von Bellesguard wird Weiß zur dominierenden Farbe; die Formen – ob an Bögen und Säulen im Treppenhaus (links und unten) oder den Decken der verschiedenen Räumlichkeiten – sind weich und fließend. Eines der charakteristischsten Merkmale des Gebäudes ist das große Glasfenster im Treppenhaus, oberhalb der Eingangstür, mit einem nach außen gewölbten bunten Stern (Seite 44). Er symbolisiert den Planeten Venus – Sinnbild – der Liebe und soll an die Hochzeit von König Martí I. mit Margherita von Prades erinnern, die 1409 in Bellesguard gefeiert wurde.

Zu den interessantesten Räumen von Bellesguard zählt das eigenwillige, zwei Stockwerke umfassende Dachgeschoß. Es wird von schmalen, aus unlasierten Ziegelsteinen gemauerten Pfeilern getragen, die sich zu Kapitellen verbreitern und Plattformen bilden, aus denen die dreifach gebündelten Gewölbebögen entspringen; im Dreiecksgitter angeordnete Backsteine bilden die Zwickel dieser Bögen. Der Architekt Rubió bemerkte einmal dazu, die Strukturen von Bellesguard seien dergestalt, daß niemand verstehe, woher sie überhaupt ihre Stabilität bezögen, da die von Gaudí erdachten konstruktiven Lösungen sich über jegliche bautechnischen Erkenntnisse hinwegsetzten. Ein weiteres unverkennbares Merkmal der Villa ist das pyramidenförmige Dach mit Fenstererkern (Seite 43), von dessen höchstem Punkt, erreichbar über eine wie ein Wehrgang anmutende Treppe, man eine wunderbare Aussicht genießt – wie auch der Name der Villa schon andeutet. Bellesguard ist auch heute noch in Privatbesitz.

Um 1900 entwickelte Eusebio Güell die Idee einer Gartenstadt in Barcelona und stellte dafür ein Stück Land am Stadtrand zur Verfügung, ein unebenes Gelände, auf dem Gaudí eines seiner phantastischsten Kunstwerke entstehen ließ. Die Arbeiten nahmen mehrere Jahre in Anspruch, während derer Straßen und andere Infrastrukturen angelegt und sechzig Parzellen für Häuser mit Gärten abgesteckt wurden. Nachdem das Projekt sich als finanzieller Mißerfolg herausstellte, wurde es 1914 aufgegeben und das Gelände zu einem öffentlichen Park umfunktioniert. Eine der imposantesten Strukturen im Park Güell ist die Treppenanlage mit

zwei Aufgängen (rechts), an deren Ende sich eine weitläufige Säulenhalle erhebt. Die achtundsechzig dorischen Säulen sind hohl und dienen damit gleichzeitig zur Weiterleitung des Regenwassers vom Dach der Halle zu einer Zisterne, aus der unter anderem die zwei Brunnen des Treppenaufgangs gespeist werden: Auf dem einen reckt sich dem Besucher eine Echse entgegen (oben), der andere ist mit einem Schlangenkopf und dem katalanischen Wappen verziert; beide Skulpturen sind mit einem Mosaik aus bunten Keramiksplittern überzogen.

Am Haupteingang des Parks Güell steht das Pförtnerhaus (links), ein aus Naturstein erbauter, mit Kachelplättchen dekorierter und von einem Turm mit vierarmigem Kreuz überragter Bau. Das schmiedeeiserne Tor (unten) zeigt das Palmblattmotiv, das auch am EingangCasa zur Vicens wieder auftaucht. Neben dem an der anderen Torseite befindlichen Verwaltungshaus stehen im ganzen Park nur noch zwei weitere Gebäude: ein »Musterhaus«, das lange von Gaudí bewohnt war und heute als Museum dient, sowie das Haus eines Freundes des Architekten, der als einziger eines der geplanten Grundstücke erworben hatte.

Oftmals sind die Hauptwege entweder als Viadukte oder Arkaden mit geneigten Stützpfeilern ausgelegt, für die sich der Architekt eine Vielfalt an Formen und Dekorationen einfallen ließ. Die Arkaden (unten eine Art Höhlenweg), entstanden aus dem Bedürfnis, die Parkanlagen dem natürlichen Landschaftsverlauf unterzuordnen, und bieten dem Besucher gleichzeitig Schutz vor Sonne und Regen. Rein dekorativ sind dagegen die links abgebildeten Säulen mit abschließenden Pflanzbottichen, charakteristische Beispiele des von Gaudí angestrebten Einklangs zwischen Architektur und Umgebung.

1904 beauftragte der Stoffabrikant Batlló den bereits für seine eigenwillige Kreativität bekannten Architekten mit der Neugestaltung der Vorder- und Rückfront, der Erweiterung des Innenhofes sowie dem Umbau der Wohnräume im ersten Stock seines Hauses im Paseig de Gracia. Für die Verkleidung der Fassade wählte Gaudí sandsteinfarbene Montjuich-Steine, deren wie modelliert wirkende wellige Strukturen von runden Plättchen durchbrochen sind, die an die Schuppen eines Reptils erinnern. Die Fassade zeigt einen Hell-Dunkel-Effekt, der im unteren Teil schwächer ausfällt und nach oben hin stärker wird.

In der Gestaltung der Casa Batlló wie auch der danach in Angriff genommenen Casa Milá schöpft Gaudí vor allem und unübersehbar aus dem Formenreichtum der Natur und bringt dabei phantastische, nahezu surrealistisch anmutende Motive hervor. Die herrliche handmodellierte Treppe (links), die in die erste Etage führt, und der Kamin (oben) in der Diele sind eindrucksvolle Beweise der schöpferischen Kraft Gaudís. Von der Morgensonne bestrahlt läßt die Casa Batlló jene zauberhafte Stimmung aufkommen, die in den Seerosenbildern Monets mitschwingt.

Aus dem wie der Rücken eines Sauriers gestalteten Dach der Casa Batlló, an dessen First sich ein Band kugel- und zylinderförmiger Keramikperlen entlangzieht, reckt sich ein kleiner Zwiebelturm empor, der mit der für Gaudí typischen vierarmigen Kreuzblume abschließt (rechts oben). Zur phantasievollen Dachgestaltung gehören auch die vielgestaltigen und reich ornamentierten Schornsteine und Ventilationstürme (rechts unten). Unten: Im Dachgeschoß der Casa Milá, dem nächsten Werk Gaudís, das im folgenden vorgestellt wird, entfaltet sich zwischen den weißen Bogen ein faszinierendes Spiel von Licht und Schatten.

1906 begonnen und vier Jahre später, 1910, vollendet, stellt die unweit von der Casa Batlló am eleganten Passeig de Gracia gelegene Casa Milá das letzte herausragende Werk im weltlichen Schaffen Gaudís dar. Das überdimensionale Eckhaus läßt einen Aufbau erkennen, der ohne tragende Wände auskommt: Alles stützt sich allein auf Säulen und Träger aus Stein und Metall. Daher konnte der Architekt für die Mietwohnungen in den einzelnen Geschossen individuelle Grundrisse erarbeiten, so daß sich oftmals assymmetrische oder polygonale Räumlichkeiten ergeben. Man möchte die wellenförmig verlaufende, nur horizontal

gegliederte Fassade aus grauem Stein mit einer Unterwasserlandschaft, einer steil aufragenden Felswand vergleichen. Nicht von ungefähr heißt die Casa Milá im Volksmund La Pedrera, also Steinbruch. Belebt wird die Fassade durch die schmiedeeisernen, wuchernden Pflanzen nachempfundenen Balkonbrüstungen und das Tor zum Haupteingang (oben), das unverkennbar Formen der Natur aufgreift. Die Fassade wird durch verborgene Zuganker und -balken aus Eisen mit dem eigentlichen Gebäude verbunden.

Links die Eingangshalle der Casa Milá mit der ins Obergeschoß führenden Treppe; im Erdgeschoß dieses außergewöhnlichen Gebäudes stützen schlichte Säulen die Decke. Der Treppenaufgang hat eine Überdachung aus Glas; er wird durch das aus dem Innenhof einfallende Licht erhellt, Grünpflanzen schaffen eine freundliche Atmosphäre und schmücken die Wand, die zum Hof hingewendet ist. Die weißen Gipsdecken der Casa Milá (unten) fallen von Raum zu Raum unterschiedlich aus und bilden Reliefstrukturen, die der botanischen oder zoologischen Morphologie entlehnt sind.

In den mächtigen Schornsteinen und Entlüftungstürmen (unten und rechts), die die Szenerie des Dachgartens der Casa Milá beherrschen, entlädt sich die visionäre Kraft Antoni Gaudís. Obwohl in keinster Weise beabsichtigt, erwecken diese ausschließlich als Kompositionen geometrischer Linien, als Variationen parabolischer, spiraliger und hyperbolischer Formen gedachten Gebilde im Betrachter unweigerlich Assoziationen an monsterhafte, dann wieder menschenähnliche, martialische Gestalten aus einer surrealistischen Welt. Um nicht von der Form abzulenken, entschied Gaudí sich für eine neutrale Farbgebung.

Im Jahr 1891 beschloß Eusebio Güell die Erweiterung seiner Textilfabrik und verlegte sie nach Santa Coloma de Cervelló, südlich von Barcelona. Dort sollte Gaudí eine Arbeitersiedlung, bestehend aus hundertfünfzig Häusern mit allen erforderlichen Einrichtungen und Geschäften, anlegen. Allerdings wurde der Auftrag weitgehend von Berenguer, einem Mitarbeiter Gaudís, ausgeführt, während dieser selbst sich auf die Kirche konzentrierte. Erste Entwürfe datieren aus dem Jahr 1898, doch begannen die eigentlichen Arbeiten erst zehn Jahre später und kamen niemals zum Abschluß: Beim Tode Güells 1918 wurden sie eingestellt.

Ganz vollendet, und zwar im Jahr 1915, wurde nur die Krypta (links). Sie vereint Ziegelbruchstücke, hart gebrannte dunkle Ziegel, Basalt und schwarzes Vulkangestein – Materialien die sich in ihrer dunklen Gesamtwirkung harmonisch in die Umgebung einfügen. Dies gilt ebenso für die Fenster (unten), deren Umrahmung mit grünen und gelblichen Keramikstücken eine Analogie zum Laubwerk der Bäume bildet, und für die weiß und blau gekachelte Gebäudespitze, in der sich die Farben des Himmels wiederholen. Geplant waren schließlich noch goldfarbene Fialen als Pendant zum Sonnenlicht.

Im Inneren der Krypta der Colònia Güell erblickt man zwei Gruppen von Säulen – vier zentrale aus grauem Basalt und weiter außen zehn aus Ziegelsteinen gemauerte –, die sich jeweils in verschiedenen Richtungen und Winkeln neigen. Eine derart ungewöhnliche Konstruktion, die ganz offensichtlich statische Probleme barg, ließ sich nur nach langen vorbereitenden und absolut empirischen Studien realisieren: In seinem Atelier baute Gaudí eine Vorrichtung aus über Rollen laufenden Seilen, an die er Gewichte hängte, die den voraussichtlich auf die Konstruktion wirkenden Lasten proportional entsprachen. Dieses Modell wurde dann gestürzt, so daß die Zugkräfte sich in Druckkräfte umwandelten, die in ihrem Ausmaß den am echten Bau wirkenden Kräften proportional waren. Die realtiv flache Ziegeldecke der Krypta wird durch fächerförmig angeordnete Rippen gegliedert, die neben ihrer optischen Wirkung auch einen konstruktiven Zweck haben: Sie tragen die darüber liegende Kirche. Von Gaudí selbst wurden auch die in lebhaften Farben gehaltenen Glasfenster, ebenso wie die Bestuhlung und sogar Details wie die Weihwasserbecken gestaltet.

Sagrada Familia

Die Sagrada Familia, gewissermaßen das Lebenswerk Antoni Gaudís, versinnbildlicht seine Vorstellung von Architektur. Am 3. November 1883 übernahm er die Bauleitung und löste damit Francisco de Paula del Villar ab, einen Vertreter der Neugotik, der bis zu diesem Zeitpunkt nur einen Teil der Krypta fertiggestellt hatte. Insgesamt dreiundvierzig Jahre lang arbeitete er an diesem grandiosen Monument; von 1914 bis 1926, seinem Todesjahr, widmete er sich ihm ausschließlich und zog sogar, um die Baustelle niemals verlassen zu müssen, in seine dortige kleine Werkstatt ein. Der tiefere Sinn des Bauwerks, das als »Sühnetempel« gedacht war, liegt weniger in der Vollendung als vielmehr in seiner Errichtung. Gaudí selbst rechnete mit einer Bauzeit von zweihundert Jahren und hielt daher die in der Kirche enthaltene religiöse Symbolik in einem Modell fest, während er die Bauausführung und die Wahl der geeigneten technischen Verfahren zukünftigen Architekten überließ. Geplant war eine Basilika mit einem Hauptschiff und einem dreischiffigen Querhaus, die zusammen den Grundriß eines lateinischen Kreuzes bildeten. Die Kirche sollte drei Fassaden erhalten, deren jeweils vier Türme die zwölf Apostel repräsentierten. Ein seinerseits von weiteren vier Türmen umgebener zentraler Hauptturm verkörperte Christus inmitten der Evangelisten. Im Inneren taten sich im Chorraum sieben Kapellen auf, die um die zentrale, der Himmelfahrt Mariens gewidmeten Kapelle gruppiert waren, während am entgegengesetzten Ende der Kirche beidseitig des Hauptportals eine Beicht- und eine Taufkapelle vorgesehen waren. Das Kirchenschiff sollte zu einem Säulenwald werden, da Gaudí im Gegensatz zu den Baumeistern gotischer Kathedralen die Schubkräfte der Konstruktion im Inneren abfing, ohne auf äußere Stützelemente, nämlich auf Strebebogen oder »Krücken«, wie er sie nannte, zurückzugreifen, indem er die Säulen entsprechend den einwirkenden dynamischen Kräften neigte, wie er es in der Krypta der Colonia Güell bereits erfolgreich praktiziert hatte. Von seinem umfassenden Projekt konnte der katalanische Architekt nur die Krypta und den größten Teil der Ostfassade selbst vollenden. Rechts eine Innenansicht dieser Fassade.

Ein dekoratives Element (unten) am Portal der Westfassade (Passions-Portal), das von Gaudí bereits um 1917 entworfen, jedoch erst 1956 angebracht wurde. Denn nachdem die Mehrzahl der Originalzeichnungen durch einen Brand im Jahr 1936 vernichtet worden waren, mußten die Arbeiten an der Sagrada Familia unterbrochen werden, bis eine Rekonstruktion des Modells vorlag. Die Bauleitung wurde einem Schüler des Architekten, Quintana, übertragen, der nach dem Tode Gaudís bereits die Fertigstellung der Ostfassade – ihr Thema ist die Geburt Christi – überwacht hatte.

Gegenüber der dem Leiden Christi gewidmeten Westfassade erhebt sich – sinnigerweise also auf der dem Sonnenaufgang zugewandten Seite – die Fassade, die die Geburt Christi zum Thema hat (rechts). Gaudí versah sie mit den drei Portalen der Hoffnung, des Glaubens und der Liebe. Von den vier geplanten Türmen, die die Apostel Barnabas, Simon, Thaddäus und Matthäus verkörpern, wurde nur der erste unter der Aufsicht Gaudís und als Modell für die übrigen fertiggestellt. Die dritte Fassade sollte wie die Hauptfassade werden und sich der Verherrlichung Christi widmen.

Das Portal der Liebe an der Ostfassade der Sagrada Familia (rechts); die Detailaufnahme (unten) zeigt die Heilige Familie. Gaudí gestaltete die Modelle seiner biblischen Figuren häufig nach dem Vorbild einfacher Menschen, die er zufällig irgendwo traf. Um sie aus den verschiedenen Blickwinkeln vor sich zu haben, photographierte er sie vor einem System von Spiegeln. Anhand dieser Vorlage fertigte er das Gipsmodell an, brachte es provisorisch in die vorgesehene Position, um so seine Wirkung aus der Ferne zu studieren, und schuf nach eventuellen Korrekturen schließlich die endgültige Steinskulptur.

Inhalt